I0054015

Matthias Fiedler

Idea bagi padanan hartanah yang inovatif: Kerja mudah agensi hartanah

Pemadanan hartanah: Cara yang cekap, mudah dan profesional broker hartanah melalui portal pemadanan hartanah yang inovatif

Cetakan

Buku terbiatan edisi Pertama | Februari 2017
(Penerbitan asal di Jerman, Disember 2016)

Matthias Fiedler
Erika-von-Brockdorff-Street 19
41352 Lokasi: Korschenbroich
Jerman
www.matthiasfiedler.net

Penerbitan dan percetakan:
Sila lihat gambaran pada muka terakhir

Rekaan muka depan: Matthias Fiedler
Penghasilan e-book: Matthias Fiedler

ISBN-13 (Paperback): 978-3-947082-75-9
ISBN-13 (E-Book mobi): 978-3-947082-76-6
ISBN-13 (E-Book epub): 978-3-947082-77-3

Maklumat bibliografi Perpustakaan Kebangsaan Jerman: Perpustakaan Kebangsaan Jerman telah menerbit penerbitan ini dalam bibliografi Kebangsaan Jerman; Butiran data bibligorafi boleh didapati pada Internet di http://dnb.d-nb.de.

KANDUNGAN

Dalam buku ini dijelaskan konsep revolusi untuk portal hartanah dunia sebenar yang hampir sama (aplikasi - permohonan) dengan pengiraan potensi perolehan yang besar (berbilion-bilion Euro), yang diintegrasikan ke dalam perisian hartanah broker termasuk penilaian hartanah (potensi perolehan bernilai trilion Euro).

Ini bermakna bahawa hartanah kediaman dan komersial, sama ada digunakan atau disewa, dapat disampaikan dengan cekap dan dengan cara yang menjimatkan masa. Ia adalah masa depan agensi hartanah yang inovatif dan profesional untuk semua broker hartanah dan pemilik harta. sepadan hartanah bekerja di hampir semua negara dan juga di seluruh negara.

Daripada "membawa" hartanah kepada pembeli atau penyewa, kepentingan hartanah layak (profil carian) dalam portal pemadanan hartanah dan dikaitkan dengan sifat-sifat sebenar hartanah broker.

KANDUNGAN

KATA-KATA ALUAN

Pada tahun 2011, saya telah mereka dan membangunkan konsep pemadanan inovatif hartanah ini.

Semenjak 1998, saya amat aktif dalam sektor hartanah (termasuk hartanah, membeli dan menjual, menilai, memberi dan membagnunkan tanah). Saya merupakan pakar hartanah (IHK), ahli ekonomi hartanah (ADI) dan penilai hartanah (DEKRA), juga ahli persatuan hartanah yang diperakui secara global iaitu Royal Institution of Chartered Surveyors (MRICS).

Matthias Fiedler
Korschenbroich, 31.10.2016
www.matthiasfiedler.net

1. Idea pemadanan hartanah inovatif: Agensi hartanah dipermudahkan

Pemadanan hartanah: Cara yang cekap, mudah dan profesional broker hartanah melalui portal pemadanan hartanah yang inovatif

Daripada "hartanah" kepada pembeli atau penyewa, kepentingan hartanah (profil carian) dipadankan dan dikaitkan dengan sifat-sifat broker hartanah untuk pengantara dalam portal pemadanan hartanah (App - Aplikasi).

2. Objektif pemilik hartanah dan pembekal hartanah

Dari sudut pandangan seorang jurujual hartanah dan tuan rumah, adalah penting untuk menjual atau menyewa harta anda dengan cepat dan dengan harga yang paling tinggi.

Dari sudut pandangan pembeli dan penyewa bakal, ia adalah penting untuk mencari harta yang mengikut kehendak beliau, dan juga untuk membeli dan menyewa dengan cepat dan mudah.

3. Realisasi carian hartanah

Sebagai peraturan, bakal pelabur sedang mencari di hartanah di rantau yang dikehendaki mereka di portal hartanah besar di Internet. Di sana anda boleh mempunyai hartanah atau senarai pautan kepada hartanah dihantar melalui e-mel, jika mereka telah mencipta profil carian yang singkat. Ini sering dilakukan pada 2-3 portal hartanah. Selepas itu, penyedia biasanya dihubungi melalui e-mel. Ini memberikan penyedia kemungkinan dan kebenaran untuk berhubung dengan pihak-pihak yang berminat.

Di samping itu, pihak-pihak yang berminat akan dihubungi oleh agen hartanah di rantau yang dikehendaki dan profil carian disimpan.

Pembekal di portal hartanah adalah pembekal swasta dan komersial. pembekal komersial kebanyakannya broker hartanah dan syarikat pembinaan separa ini, peniaga hartanah dan lain-lain syarikat-syarikat hartanah (dalam teks, pembekal komersial dirujuk sebagai broker hartanah).

4. Kelemahan pembekal swasta/kelebihan broker hartanah

Dalam hal hartanah yang sebenar, jualan persendirian tidak sentiasa terjamin dengan segera, kerana, sebagai contoh, tidak ada perjanjian antara waris dalam hal harta yang diwarisi secara keturunan atau warisan yang hilang. Tambahan pula, isu-isu undang-undang yang tidak dapat dijelaskan, seperti, antara lain, hak untuk tinggal, boleh membuat jualan lebih sukar.

Bagi hartanah yang disewa, tuan-tuan tanah swasta tidak boleh perolehi kebenaran rasmi, sebagai contoh, jika harta komersil (flat) adalah untuk disewa sebagai sebuah apartmen.

Apabila seorang broker hartanah bertindak sebagai pembekal, dia telah biasanya menjelaskan aspek-aspek yang dinyatakan di atas. Di samping itu, semua dokumen harta yang berkaitan (pelan lantai, pelan tapak, persijilan tenaga, daftar tanah, dokumen rasmi, dan lain-lain) sering didapati. Oleh itu, jualan atau menyewa adalah mungkin dengan cepat dan tanpa komplikasi.

5. Pemadanan Hartanah

Dalam usaha untuk mencapai yang sepadan antara bakal pembeli dan penjual atau tuan tanah dengan cepat dan cekap, ia biasanya penting untuk menawarkan pendekatan yang sistematik dan profesional.

Ini dilakukan dengan cara pendekatan yang berbeza atau prosedur untuk mencari dan mencari tempat antara broker hartanah dan bakal pembeli. Dalam erti kata lain, dan bukannya "hartanah" kepada pembeli atau penyewa, kepentingan hartanah (App - Permohonan) layak (profil carian) dan dikaitkan dengan sifat-sifat yang broker hartanah.

Dalam langkah pertama, bakal pembeli mencari profil carian konkrit dalam portal pemadanan hartanah. Ini profil carian mengandungi kira-kira 20 ciri-ciri. Antara lain, ciri-ciri berikut: (tidak senarai lengkap) adalah penting untuk profil carian.

- Daerah / Poskod / Bandar

- Jenis objek

- Saiz harta

- Ruang kediaman

- Harga beli / sewa

- Tahun pembinaan

- Tingkat

- Bilangan bilik

- Sewaan (ya / tidak)

- Bilik bawah tanah (ya / tidak)

- Balkoni / Teres (ya / tidak)

- Jenis penghabaan

- Tempat parkir (ya / tidak)

Dalam kes ini, ia adalah penting untuk tidak memasukkan ciri-ciri secara bebas tetapi untuk memilih dari senarai dengan kemungkinan yang telah ditetapkan / pilihan (contohnya, untuk jenis objek: pangsapuri, rumah keluarga, gudang, pejabat ...) dengan klik pada atau membuka masing-masing bidang ciri (contohnya, objek jenis).

Secara pilihan profil carian lanjut boleh diwujudkan dengan pihak yang berminat. Perubahan profil carian juga mungkin.

Di samping itu, maklumat perhubungan lengkap dimasukkan ke dalam bidang yang diberikan oleh pihak-pihak yang berminat. Ini adalah nama, nama pertama, jalan, nombor rumah, poskod, bandar, telefon dan e-mel.

Dalam konteks ini, pihak-pihak yang berminat memberi persetujuan untuk menghubungi dan menghantar hartanah yang sesuai (pendedahan) oleh broker hartanah.

Di samping itu, bakal pelanggan masuk ke dalam kontrak dengan pengendali portal pemadanan hartanah.

Dalam langkah seterusnya, profil carian boleh didapati melalui antara muka pengaturcaraan aplikasi (API) - setanding dengan "terbuka" antara muka pengaturcaraan di Jerman - yang disambungkan broker hartanah, belum kelihatan. Perlu diingatkan bahawa antara muka pengaturcaraan ini - hampir kunci utama kepada pelaksanaan - perlu menyokong setiap hartanah perisian broker dalam amalan atau memastikan penghantaran. Jika tidak, ini harus teknikal mungkin. Memandangkan sudah terdapat pengaturcaraan antara muka, seperti pengaturcaraan antara muka "openimmo" yang tersebut di atas dan antara muka pengaturcaraan yang lain dalam amalan, penghantaran profil carian harus dibuat.

Kini broker hartanah membandingkan hartanah mereka dengan profil carian. Untuk tujuan ini, sifat-sifat diintegrasikan ke dalam portal pemadanan hartanah dan ciri-ciri masing-dipadankan dan dikaitkan.

Setelah padanan telah dibuat, yang hampir sama dengan peratusan yang sama diberikan. Dari yang hampir sama, sebagai contoh, 50%, profil carian dipaparkan dalam perisian broker hartanah.

Ciri-ciri individu dipertimbangkan (sistem mata) antara satu sama lain, supaya selepas sepadan dengan ciri-ciri, peratusan untuk keputusan yang sepadan (kebarangkalian padanan). Sebagai contoh, ciri-ciri "jenis objek" yang berwajaran tinggi daripada ciri "ruang hidup". Di samping itu, ciri-ciri tertentu (contohnya, bawah tanah) boleh dipilih untuk mesti mempunyai hartanah ini.

Dalam usaha untuk memadankan ciri-ciri untuk padanan, penjagaan perlu diambil untuk memberi broker hartanah akses kepada (tempahan) kawasan-kawasan mereka. Ini mengurangkan usaha yang diperlukan untuk padanan data. Terutamanya kerana masing-masing broker hartanah seringkali serantau. Ia harus diperhatikan bahawa apa yang dipanggil "awan" membolehkan untuk menyimpan dan memproses data yang banyak hari ini.

Untuk memastikan hartanah broker profesional, hanya broker hartanah boleh mengakses profil carian.

Untuk tujuan ini, broker hartanah membentuk kontrak dengan pengendali portal pemadanan hartanah.

Selepas hampir sama / hampir sama masing-masing, broker hartanah boleh menghubungi bakal pembeli dan sebaliknya, bakal pelabur hubungi broker hartanah. Ini juga bermakna, jika broker hartanah telah menghantar minat kepada bakal pembeli, bukti aktiviti atau tuntutan daripada broker hartanah adalah didokumenkan komisen broker mereka dalam kes jualan atau sewaan.

Ini mengandaikan bahawa broker hartanah adalah ditugaskan oleh pemilik (penjual atau tuan tanah) untuk mengatur harta itu atau mempunyai kebenaran untuk menawarkan tetamu.

6. Bidang guna pakai

Pemadanan hartanah yang diterangkan di sini adalah terpakai untuk membeli dan hartanah sewa dalam sektor hartanah kediaman dan komersial. Tambahan ciri hartanah diperlukan untuk hartanah komersil.

Pada pandangan bakal pelanggan, seperti yang biasa dalam amalan, broker hartanah boleh, sebagai contoh, bagi pihak pelanggan.

Secara berasingan, portal hartanah yang hampir sama boleh dipindahkan ke hampir setiap negara.

7. Kelebihan

Padanan harta ini menawarkan kelebihan untuk bakal pembeli, sebagai contoh jika mereka cari hartanah di kawasan mereka (tempat tinggal) atau perubahan pekerjaan dalam satu lagi bandar raya / wilayah.

Anda hanya mengemukakan profil carian anda sekali dan mendapatkan sifat-sifat yang betul dari ejen hartanah bekerja di kawasan yang anda mahu.

Untuk broker hartanah, ini menawarkan kelebihan dari segi penjimatan kecekapan dan masa untuk jualan atau sewaan.

Anda akan segera mendapatkan gambaran keseluruhan tentang potensi prospek konkrit untuk hartanah masing-masing yang ditawarkan oleh mereka.

Tambahan pula, broker hartanah secara langsung boleh menangani kumpulan sasaran berkenaan mereka, yang telah membuat pemikiran konkrit mengenai harta impian mereka dengan membuat profil carian (termasuk menghantar hartanah).

Ini meningkatkan kualiti rakaman hubungan dengan orang-orang yang tahu apa yang mereka cari. Ini mengurangkan bilangan tarikh pemeriksaan berikut. Ini mengurangkan tempoh pemasaran keseluruhan bagi hartanah yang akan diusahakan.

Berikutan pemeriksaan harta pusaka sebenar yang perlu diselesaikan oleh pihak yang berkepentingan - seperti biasa - tamatnya perjanjian pembelian atau pajakan berlaku.

8. Pengiraan sampel (Potensi) – hanya apartmen dan rumah diri sendiri (tanpa aparment sewa dan harta komersil)

Contoh berikut menunjukkan portal padanan hartanah.

Di kawasan tangkapan dengan 250,000 penduduk, seperti kota Monchengladbach, terdapat statistik bulat 125,000 isi rumah (2 penduduk bagi setiap isi rumah). Kadar penempatan semula secara purata adalah 10%. Oleh itu, 12,500 isi rumah bergerak setahun. Baki untuk bergerak ke dan dari Monchengladbach tidak diambil kira. - Kira-kira 10,000 isi rumah (80%) mencari harta sewa dan kira-kira 2,500 isi rumah (20%) mencari harta pembelian.

Menurut laporan pasaran tanah jawatankuasa pakar dari bandar Monchengladbach, terdapat 2,613 pembelian hartanah pada tahun 2012. - Ini mengesahkan rajah di atas 2,500 pembeli.

Terdapat lebih banyak lagi, kerana tidak semua orang akan mencari harta mereka. Adalah dianggarkan bahawa bilangan prospek sebenar atau bilangan profil carian akan menjadi dua kali ganda kadar penempatan semula purata kira-kira 10%, iaitu 25,000 profil carian. Ini termasuk, antara lain, bahawa bakal pelanggan membuat beberapa profil carian dalam portal pemadanan hartanah.

Ia adalah penting untuk menyatakan bahawa, mengikut pengalaman, kira-kira separuh daripada semua pembeli (pembeli dan penyewa) mendapati harta mereka melalui broker hartanah, dengan itu sejumlah 6,250 isi rumah.

Sekurang-kurangnya 70% daripada semua isi rumah mencari portal hartanah di Internet, dengan itu sejumlah 8,750 isi rumah (bersamaan dengan 17,500 profil carian).

Jika 30% daripada semua pihak yang berkepentingan, iaitu 3,750 isi rumah (bersamaan dengan 7500 profil carian) di bandar seperti Monchengladbach, profil pencarian mereka untuk (aplikasi app) hartanah portal yang hampir sama akan mewujudkan, 1500 profil carian konkrit (20%). Melalui 6000 profil carian konkrit (80%) bakal penyewa menawarkan harta sesuai mereka sebenar.

Ini bermakna bahawa dengan tempoh carian purata 10 bulan dan harga yang boleh diteladani daripada 50 € sebulan bagi setiap profil carian dicipta oleh bakal pelanggan, potensi jualan bagi 7500 profil carian berjumlah 3,750,000 € setiap tahun di bandar dengan 250,000 penduduk.

Dengan pengiraan untuk Republik Persekutuan Jerman dengan bulat 80,000,000 (80 juta) penduduk, ini menyebabkan potensi jualan € 1,200,000,000 (1.2 bilion €) setahun. - Jika, daripada 30% daripada semua pihak yang berkepentingan, 40% daripada semua bakal pelanggan mencari harta mereka melalui portal pemadanan hartanah, potensi untuk jualan meningkat kepada 1.600.000.000 € (€ 1.6 bilion) setahun.

Ini perolehan berpotensi ini hanya merujuk kepada pangsapuri yang sendiri dan rumah-rumah. Sewa dan / atau hasil hartanah dalam sektor hartanah kediaman dan seluruh sektor hartanah komersial tidak termasuk dalam pengiraan potensi ini.

Dalam kes beberapa kira-kira 50,000 syarikat di Jerman dalam bidang broker hartanah (termasuk syarikat-syarikat pembinaan yang terlibat, peniaga hartanah dan lain-lain syarikat-syarikat hartanah) dengan kira-kira 200,000 pekerja dan bahagian yang teladan sebanyak 20% daripada syarikat-syarikat ini 50.000 menggunakan ini hartanah portal yang hampir sama dengan purata 2 lesen A potensi perolehan sebanyak 72.000.000 € (€ 72 juta) setahun pada harga yang boleh diteladani 300 € sebulan bagi setiap lesen. Di samping itu, tempahan serantau perlu dibuat untuk profil carian, supaya besar potensi pendapatan tambahan boleh dihasilkan di sini, bergantung kepada reka bentuk.

Broker hartanah tidak perlu mengemas kini pangkalan data mereka sendiri kepentingan - jika wujud - melalui potensi yang besar ini pihak yang berminat dengan profil carian tertentu. Terutamanya kerana nombor ini profil carian semasa kemungkinan besar akan melebihi bilangan profil carian dicipta oleh kebanyakan broker hartanah dalam pangkalan data mereka.

Jika portal hartanah yang hampir sama yang inovatif ini adalah untuk digunakan di beberapa negara, sebagai contoh, bakal pembeli dari Jerman boleh membuat profil carian untuk pangsapuri percutian di pulau Mediterranean Majorca (Sepanyol) dan agen hartanah disambungkan ke Majorca boleh memperkenalkan Flat sesuai kepada bakal pelanggan Jerman. Jika pendedahan diterjemahkan ditulis dalam bahasa Sepanyol, pada masa kini, mereka yang berminat dalam

Internet boleh menterjemahkan teks dalam bahasa Jerman dengan bantuan program terjemahan.

Dalam usaha untuk memadankan profil carian dan hartanah yang sebenar yang perlu diusahakan, ciri-ciri yang hampir sama boleh dipadankan pada dasar (matematik) ciri diprogramkan - bebas daripada bahasa - dalam portal pemadanan hartanah.

Apabila menggunakan portal pemadanan hartanah di semua benua, potensi yang tersebut di atas untuk jualan (hanya pencari) akan diwakili oleh pengiraan yang sangat mudah seperti berikut.

Penduduk dunia:
7,500,000,000 (7.5 billion) penghuni

1. Penduduk di negara berindustri dan, paling luas, negara berindustri:
2,000,000,000 (2.0 bilion) penghuni

2. Penduduk di pasaran yang baru muncul:
4,000,000,000 (4.0 bilion) penghuni

3. Penduduk di negara sedang membangun
1,500,000,000 (1.5 bilion) penghuni

Potensi perolehan tahunan Republik Persekutuan Jerman dalam jumlah € 1.2 bilion dengan 80 juta penduduk ditukar kepada industri, ambang dan negara-negara membangun oleh faktor-faktor berikut.

1. Negara berindustri: 1.0

2. Negara pasaran yang baru muncul: 0,4

3. Negara sedang membangun: 0,1

Ini menyebabkan potensi perolehan tahunan yang berikut (1.2 bilion € x penduduk (perindustrian, muncul atau membangun) / 80 juta penghuni x faktor).

1. Negara berindustri: 30.00 bilion €

2. Negara pasaran yang
   baru muncul: 24.00 bilion €

3. Negara sedang membangun: 2.25 bilion €

Jumlah: **56.25 bilion €**

9. Kesimpulan

Portal pemadanan hartanah ini menawarkan kelebihan yang besar bagi pemilik harta (bakal pembeli) dan broker hartanah.

1. Bakal pelanggan dengan mengurangkan masa untuk pencarian hartanah yang sesuai dengan ketara, sebagai bakal pelanggan hanya membuat profil carian mereka sekali.

2. Broker hartanah mendapat gambaran keseluruhan bilangan prospek dengan kehendak sudah konkrit (profil carian).

3. Pihak-pihak berkepentingan menerima hanya harta sesuai sebenar dan yang dikehendaki (mengikut profil carian) yang disampaikan oleh semua broker hartanah (pemilihan pendahuluan automatik).

4. Broker hartanah mengurangkan usaha mereka untuk mengekalkan pangkalan data mereka sendiri untuk profil carian, kerana bilangan yang sangat tinggi profil carian semasa adalah tetap ada.

5. Oleh kerana hanya broker komersil estet / sebenar disambungkan kepada portal pemadanan hartanah, bakal pembeli perlu berurusan dengan broker hartanah profesional.

6. Broker hartanah mengurangkan bilangan lawatan dan jumlah masa pemasaran. Sebagai balasan, bilangan tarikh lawatan dan masa sehingga tamatnya perjanjian pembelian atau sewa dikurangkan.

7. Pemilik harta yang hendak dijual dan disewa juga mempunyai menjimatkan masa. Tambahan pula, kadar yang lebih rendah kekosongan untuk hartanah sewa dan bayaran harga pembelian awal

dalam kes hartanah dibeli melalui pajakan yang lebih cepat atau dijual, dengan itu juga satu kelebihan kewangan.

Dengan merealisasikan atau melaksanakan idea pemadanan hartanah ini, kemajuan yang ketara boleh dicapai dalam pengurusan pemudahan hartanah.

10. Integrasi portal padanan hartanah ke dalam perisian broker hartanah baru termasuk penilaian hartanah

Sebagai pelengkapan, portal sepadan hartanah yang diterangkan di sini boleh atau patut menjadi komponen penting yang baru - perisian broker hartanah - biasanya boleh guna dunia. Ini bermakna broker hartanah sama ada boleh menggunakan portal pemadanan hartanah sebagai tambahan kepada hartanah perisian broker mereka digunakan atau perisian hartanah broker baru termasuk portal pemadanan hartanah.

Dengan menyepadukan portal pemadanan hartanah yang cekap dan inovatif ini ke dalam perisian broker hartanah sendiri, ciri asas masa nyata akan dicipta untuk perisian broker hartanah, yang akan menjadi penting untuk penembusan pasaran.

Sejak penilaian hartanah adalah sentiasa satu bahagian penting dalam pengurusan hartanah, alat penilaian hartanah perlu disepadukan ke dalam hartanah perisian broker. Penilaian hartanah dengan program-program komputer yang berkaitan yang boleh mengakses data / parameter yang berkaitan dari / harta yang direka dan dimasukkan oleh broker hartanah melalui pautan. Jika perlu, broker hartanah menambah parameter serantau yang tiada melalui ketelusan pasaran serantau sendiri.

Di samping itu, perisian hartanah broker harus dapat mengintegrasikan dipanggil maya pusingan hartanah hartanah yang akan diusahakan. Ini boleh, sebagai contoh, akan dilaksanakan dengan cara yang mudah, di mana sebuah app (aplikasi) tambahan dibangunkan untuk telefon mudah alih dan / atau tablet, di mana selepas integrasi maya hartanah disepadukan atau diintegrasikan ke dalam perisian estet broker yang sebenar.

Sejauh mana portal hartanah yang hampir sama yang cekap dan inovatif telah diintegrasikan ke dalam perisian hartanah broker baru dan penilaian hartanah, potensi jualan berpotensi sekali lagi meningkat dengan ketara.

Matthias Fiedler

Korschenbroich, 31.10.2016

Matthias Fiedler

Erika-von-Brockdorff Street 19

41352 Korschenbroich

Jerman

www.matthiasfiedler.net